AF360163

CÉLÉBRATION DU CENTENAIRE

DE LA

Loge Maçonnique

LA CONCORDE

OR∴ DE VIENNE (ISÈRE)

24 septembre 1882

VIENNE

E.-J. SAVIGNÉ, IMPRIMEUR-ÉDITEUR

1883

CÉLÉBRATION DU CENTENAIRE

de la

LOGE MAÇONNIQUE LA CONCORDE

OR.˙. DE VIENNE (ISÈRE)

24 septembre 1882

La fête du *Centenaire* de la L.˙. maçonnique *La Concorde*, de Vienne, a été célébrée, avec beaucoup d'éclat, dimanche 24 septembre 1882.

La Loge, coquettement bâtie sur les flancs du coteau qui domine la ville, était brillamment décorée d'oriflammes et de drapeaux tricolores.

De nombreux étrangers étaient arrivés de tous les points de la France pour assister à cette solennité ; 50 Loges avaient envoyé des délégations, beaucoup s'étaient fait représenter ou excuser, et l'assistance comptait plus de trois cents maçons.

La cérémonie, dans le temple, a été ouverte et présidée par le F.˙. Savigné, Vén.˙. d'honneur et Vén.˙. titulaire de la L.˙. *La Concorde*.

Les postes étaient occupés par les F.˙. J. Reymond, 1ᵉʳ surveillant ; Pascal-Dijou, 2ᵉ surveillant ; Boudier fils, remplaçant l'orateur absent ; Clemaron, secrétaire ; Cléchet, grand expert ; Girard et Joubert, M.˙. des cérémonies.

Etaient présents :

De *La Concorde*, les F.˙. Firmin Allemand, Jules Revelin, Ch. Richardy, Bouvier-Latour, Duthil, L. Reymond, Florence, Aubry, Boutin, Bidaud, Blain, Bacconnet, Barnier, Bellet, Egalon, Favier, Fontaine, F. Faure, Gris aîné, Ganne, Gauthier, Jouffray, Kraeutler, Lombard père, Loubet, Morand, Morel, Morin, Nicaise, Pioct, Prevost, Picard, Pailloux, Robert, L. Richardy, Servonnat, Sar, Suffet, Villard, Verrière, Windeck, Villard ;

De *La Persévérance*, Or.˙. de Vienne, les F.˙. Achard,

L. Breille, P. Breille, Besson, Brossard, Burdy aîné,
Banier, Breton père, Breton fils, Bouvard, Buisson,
Chardonnet, Choppard, Charreton, Constantin, Chapotat,
Colomb, P. Chavassieux, Chancrin, Dambuyant, J. Do-
mer, Dijou aîné, Dambuyant, David, Domer, Fausserau,
Garnier, Girerd, Gresillon, Girousse, Giroud, Journet,
Jeannin, Lombard, Lardière, Laurent, Morfin, Mailler,
Mayençon, Ollagnon, Plasse, Poncin, Pivar, Perroud,
Prince, Pastre, Rodet, Roussillon, Reboul, Revouy,
Reynaud, Reynon, Rey, Royannet, Reymond, Rodillon,
Silan, Tournier, Cl. Tardif, Tardif aîné, Terry, Vacher,
Vivier;

Chev∴ du Temple, Or∴ de Lyon, les F∴ Bauchet,
Brechet, Brun, Coulaudon, Guy, Paret, Vigne;

Amis des Hommes, Or∴ de Lyon, les F∴ Barbier,
Billard, Fillon, Gonaud, Lapalud, Pichot, Enfossy;

Union et Confiance, Or∴ de Lyon, les F∴ Guedy,
S. Matoux;

Tolérance et Amitié, Or∴ de Lyon, le F∴ Regnier;

Simplicité et Constance, Or∴ de Lyon, les F∴ Pilot,
Pelouse, Prat, Pascal, Arnaud, Deal, Biord, Billaz,
Carron, Damian, Frize, Lagrange, Lémonot, Melon,
Richard, Sage, Guigue;

La Candeur, Or∴ de Lyon, les F∴ Oger, Villermet;

Parfait silence, Or∴ de Lyon, les F∴ Bard, Bouvier,
Bouvier, B. Bouvier, Mazières;

Etoile et Compas, Or∴ de Lyon, les F∴ Byron, Prost;

Amis de la Vérité, Or∴ de Lyon, les F∴ Bailly, vén∴;
Bridel, Bruyère, Blaise, Bouteille, Carron, L. Faure,
Gorlier, Monnot, Berroud, Poulaillon, Ravas, Tournier,
Faure, Jude, Basset, Carrel, Favier;

Bienfaisance et Amitié, Or∴ de Lyon, les F∴ Bizet,
Bonnetin, Bernard, Bron, Combet, Clunel, Chanoz,
Effantin, Flevin, Haay, Mazet, Picon, Roux, Seynard,
Penet, André;

Lumière et Justice, Or∴ de Lyon, le F∴ Sarry;

La Fraternité, Or∴ de Belley, les F∴ Lemaria,
Mortagne;

Concorde et Persévérance, Or∴ d'Annonay, les
F∴ Achaume, Blondel, Beraud, Cibaud, Croz, Déchaud,
Duranton, Faugeron, Faure, Goan, Kramer, Souchon,
Vernet, Vergne, Vernay;

L'Humanité de la Drôme, Or∴ de Valence, les F∴ Ju-
nillon, Barneron, Christophe, Allègre, Blandin, Parisel.

Fraternité Progressive, Or∴ de Villefranche-sur-Saône,
les F∴ Godard, Jugy, Philibert;

Réveil de la Montagne, Or∴ de St-Claude, le F∴ Reybert;

Les Travailleurs Réunis, Or∴ de St-Etienne, les F∴ Boury, Chapon, Gachet;

La Solidarité, Or∴ de Givors, les F∴ Balle, Kock, Besson, Royer, Cote, Ribard;

Etoile et Croissant, Or∴ de Nimes, le F∴ Jalabert;

Les Enfants de Gergovie, Or∴ de Clermont, les F∴ Clavel, Dominique, Pradier;

Arts réunis, Or∴ de Mâcon, les F∴ Léger, Renard, Vigny;

Amis de la Tolérance, Or∴ de Paris, le F∴ Roger;

Les Droits de l'Homme, Or∴ de Paris, le F∴ Dumesnil;

Amis de l'Humanité, Or∴ de Paris, le F∴ Auvert;

Arts réunis, Or∴ de Grenoble, les F∴ Giraud, Vén∴, Baucon, Gayet, Nublat, Patre, Pocat, Peloux, Perronnet, Moyet, Robert, Dufour, Talain, Trouillon, Varnet;

L'Alliance Ecossaise, Or∴ de Grenoble, les F∴ Jaymond, Bourceret;

Triple union, Or∴ de Voiron, les F∴ Douron fils, Pâris;

La ligne droite, Or∴ du Pont-St-Esprit, les F∴ Duplan, Rousseau;

Les Enfants de Mars, Or∴ de Philippeville, le F∴ Nicolle;

Les 3 souhaits, Or∴ de Belley, les F∴ Cyparrain, Luquet, Pelisson;

Echo du grand Or∴, Or∴ de Nimes, les F∴ Boucoiron, Feuchère, L. Dupont, A. Dupont, Godon;

Parfaite union, Or∴ de Marseille le F∴ Crozet;

Neulat, de Lyon, André, un Lyonnais et divers F∴;

Les F∴ de *La Persévérance,* de Vienne, ont pris place dans le temple, sans cérémonie, et les F∴ visiteurs ont été introduits, les flambeaux allumés, les étendards déployés et les maillets battant au champ.

Le Vén∴ Savigné leur a adressé l'allocution suivante:

« T∴ C∴ F∴ Visiteurs,

« Au nom des enfants de *la Concorde,* je suis heureux de vous souhaiter la bienvenue.

« Merci à vous, maçons de tous grades, de tous rites, de tous pays, d'avoir bien voulu nous donner une nouvelle preuve de vos sentiments maçonniques;

« Merci d'être venus nous aider à glorifier la longue et honorable carrière de *la Concorde.*

« Puissent les quelques heures que vous passerez parmi nous

ne laisser dans vos esprits que des souvenirs aimables et sympathiques.

« C'est notre vœu le plus cher, c'est notre ardent désir.

« Dans tous les cas, soyez assurés que vous ne trouverez ici que des amitiés sincères, des cœurs chaleureux, des mains fraternelles.

« Salut donc à vous tous et merci du fond du cœur ».

Une triple et chaleureuse batterie est portée aux F∴ visiteurs.

Le F∴ Reynier, de l'Or∴ de Lyon, rend la batterie et répond en ces termes, au nom des F∴ visiteurs :

« V∴ et vous tous mes F∴ de *la Concorde*,

« C'est un orgueil pour votre F∴ visiteur d'avoir été choisi pour remplir la douce et agréable mission de vous répondre.

« Je suis l'interprète de tous les visiteurs des différents Or∴, pour vous remercier de cet accueil si vrai, si fraternel que nos esprits ont constaté depuis tant d'années.

« Soyez persuadés que, si nous sommes venus nombreux aux travaux de votre Centenaire, c'est pour nous conformer aux sentiments d'amour qui animent tous les maçons des différents Orients.

« Nous n'avons fait que notre devoir, pas davantage.

« Je prierai donc tous les F∴ visiteurs qui m'accompagnent de se joindre à moi pour répondre, par une triple batterie, à celle qui vient de nous être portée.

« A moi, mes F∴ par la triple batterie française ».

La délégation du Grand Orient de France est introduite en grande pompe ; elle est composée des FF∴ Alimargarot, banquier, maire de Nimes ; Doué, médecin principal de la marine, et Meynard, conseiller municipal à Lyon ; tous membres du Conseil de l'Ordre.

Le Vén∴ Savigné les salue en ces termes :

« Merci à vous, F∴ du Grand-Orient, d'avoir bien voulu, par votre présence, honorer et embellir notre fête ;

« Merci de nous avoir apporté le concours de votre savoir, de vos talents, de vos lumières;

« Merci et salut à vous comme les représentants de la plus grande puissance maçonnique ! »

Une triple et chaleureuse batterie est portée, le F∴ Alimargarot répond :

« V∴ Maître et vous tous mes F∴,

« Par simplicité maçonnique et par goût personnel, nous aurions peut-être préférés nous dérober à l'accueil si flatteur que vous venez de nous faire; si nous l'acceptons, c'est que nous savons qu'il vise par-dessus nos personnes la loi même de la franc-maçonnerie, le conseil de l'ordre, la légale et libérale représentation de notre république maçonnique.

« Le conseil de l'ordre a du reste des titres particuliers à vos sympathies ; si son affection pour tous les Orients lui faisait un devoir de se faire représenter à votre fête, le vénérable président du conseil de l'ordre et le conseil tout entier nous ont vivement pressés de venir ici nombreux, de laisser pour ce devoir maçonnique tous les devoirs profanes, afin de vous apporter un plus complet témoignage de l'estime que vous ont mérités vos anciens et fidèles services, et la touchante entente de vos deux ateliers.

« Soyez félicités et remerciés au nom du Conseil de l'Ordre. Permettez-nous aussi de vous remercier en notre nom personnel. Nouveaux venus dans un atelier éloigné des notres, nous voilà, grâce à votre accueil si maçonnique, dans la douce illusion de la famille retrouvée, et, en serrant les mains que vous nous avez si cordialement tendues, nous croyons ressaisir des amitiés d'autrefois, déjà anciennes et éprouvées.

« Merci mes T∴ C∴ F∴ ».

Le Vén∴ Savigné, après avoir chargé les délégués de reporter au Gr∴ Or∴ de France les remerciements et les témoignages de sympathie de *la Concorde*, offre le 1ᵉʳ maillet de la L∴ au F∴ Alimargarot, en le priant de présider et diriger les travaux.

Le F∴ Alimargarot répond : « Je l'accepte pour vous le rendre ; il ne saurait mieux être qu'en vos dignes mains ».

Le F∴ Savigné reprend la présidence et s'adressant à l'assemblée, annonce que : — « quand la maçonnerie est en fête, elle ne doit pas oublier les malheureux, qu'elle a un devoir sacré, qu'elle accomplit toujours, c'est de songer à ceux qui souffrent ; » — il propose donc de voter 500 francs pour les pauvres de la ville de Vienne.

Cette somme est votée à l'unanimité, aux applaudissements de l'assemblée.

Le F∴ Tardif aîné, Vén∴ de *La Persévérance*, prend à son tour la parole, et dit :

« Mes F∴,

« Le Centenaire que célèbre aujourd'hui la Loge *la Concorde* est pour nous, maçons de la Loge *la Persévérance*, la fête de tous les maçons viennois ; c'est avec joie que nous sommes venus y assister, tenant à montrer une fois de plus que *la Concorde* et *la Persévérance* ne sont qu'une seule et même famille.

« Aussi, les membres de *la Persévérance* dont je suis ici l'interprête, seront heureux de s'associer à l'acte de générosité de leur sœur *la Concorde*, et, tenant compte des ressources de leur caisse hospitalière, je leur propose de voter trois cents francs en faveur des familles malheureuses de Vienne.

« Il faut que l'on sache, une fois de plus, dans le monde profane, que les Maçons n'oublient jamais les malheureux.

« Vén.·., vous ajouterez les 3oo francs de la *Persévérance* aux 5oo de la *Concorde* ».

Le Vén.·. Savigné présente ensuite les excuses des F.·. Desmons, député du Gard, délégué du Grand-Orient, retenu par indisposition; Madier-Montjau, député de la Drôme; Belat, maire de Valence; Buyat, député de l'Isère; Guibert, d'Annonay; Jacquet, d'Elbeuf; Bouvagnet, Sous-Préfet; Timon, ancien vénérable; Lepelletier, Vénérable de la L.·. *Les Droits de l'Homme*, de Paris, et des Loges dont les noms suivent: *Parfaite Amitié*, de Marseille; *Loge Anglaise*, de Bordeaux; *L'Intime Fraternité*, de Tulle; *Réveil du Parfait Silence*, de Sisteron; *Francs-Chevaliers*, de Bordeaux; *Fraternité des Peuples*, de Paris; *Solidarité et Progrès*, de Dijon; les *Loges de Genève*; *Les Cœurs Unis*, de Paris; *L'Encyclopédique*, de Toulouse; *L'Aménité*, du Havre; *L'Étoile du Progrès*, de Bordeaux; *L'Amitié Discrète*, de Rambouillet; *L'Union Parfaite*, de La Rochelle; *Les Amis Réunis*, de Cette; *Le Réveil*, de Villeneuve-sur-Lot; *La Sincérité*, de Reims; *La Libre Pensée*, de Narbonne; *L'Étoile de la Haute-Marne*, de Chaumont; *L'Auguste Amitié*, de Condom.

Le splendide buste de la République, de Jacques France, était arrivé dans la matinée et avait été offert à la L.·. *La Concorde*, par le comité central, de Paris, sous la présidence de Victor Hugo. — Le Vén.·. adresse de sincères remercîments à ce comité.

Le Vén.·. Savigné prend de nouveau la parole, et retrace, à grands traits, la carrière de la L.·. *La Concorde*; il s'exprime en ces termes:

• Mon premier devoir, mes F.·., est de rendre un public et solennel hommage à la mémoire du fondateur de notre L.·., le Vén.·. F.·. Alex.

« S'il faut en croire ceux qui l'ont connu et qui nous ont précédé dans la carrière, il était tellement pénétré de la foi maçonnique, qu'il ne craignit pas de faire seul, à pied, le voyage de Paris, pour obtenir les statuts, les autorisations nécessaires à la création de la Loge; revenu ensuite à Vienne, il fonda ce monument impérissable qui s'appelle *la Concorde*, et que nous avons eu le bonheur de voir prospérer pendant un siècle.

« Que ce souvenir, mes F.·., se perpétue parmi nous, et que la mémoire de ce noble et digne citoyen reste à tout jamais gravée dans nos cœurs.

« Ce devoir rempli, mes F.·., je vais tâcher de retracer, le plus brièvement possible, la carrière, aussi longue qu'honorable, de notre bien aimée L.·. *la Concorde*.

« Installée en 1781, en pleine féodalité, sous le régime de la superstition et de l'arbitraire, il fallut aux citoyens dévoués qui plantèrent le premier drapeau maçonnique à Vienne, une volonté à toute épreuve, une grande force de caractère, une rare abnégation de soi-même, pour s'exposer aux tracas, aux persécutions qui les attendaient.

« Honneur donc à ces hommes d'énergie et de dévouement.

« 89 abolit les priviléges, proclama les droits de l'homme, et la Loge *la Concorde* décida, le 28 septembre 1792, l'enlèvement des objets ayant une apparence monarchique, et tous ses membres, en tenue spéciale, prêtèrent serment d'abjurer la royauté, de soutenir et de défendre la République française.

« Le calendrier républicain fut aussi adopté, et le nom de *citoyen* remplaça celui de *Frère*.

« En historien fidèle, je dois constater que, sous le premier empire, la L∴ encensa César ; l'anniversaire de son couronnement, celui de son mariage, la bataille d'Austerlitz, la naissance du roi de Rome, sont tour à tour célébrés ; on banquette, en 1815, au retour de l'Empereur, et plus tard, on porte une batterie de deuil à sa mémoire.

« La période de la Restauration, de Charles X et de Louis-Philippe n'offrent rien de bien saillant pour *la Concorde*, du moins les procès-verbaux sont muets sur bien des points.

« On trouve, à de rares intervalles, quelques toasts à la famille royale, aux princes d'Orléans et à quelques personnages.

« Seulement, mes F∴, à cette époque, comme plus tard, nous devons supposer que si les Francs-maçons respectaient les lois du pays et subissaient les toasts qui leur étaient imposés, ils n'en conservaient pas moins leurs convictions et leurs principes.

« Les membres de *la Concorde* avaient salué, à son passage à Vienne, en 1807, le prince Cambacérès, grand maître de l'ordre maçonnique en France ; de même, en 1832, ils présentèrent leurs hommages au général Lafayette et installèrent son buste dans le temple.

« En 1848, les membres de la L∴ prêtent serment de fidélité à la République ; ils s'engagent à soutenir ses institutions, rendent hommage à l'héroïsme du peuple parisien, votent des dons patriotiques, établissent un club en vue des élections et nomment des délégués pour s'adjoindre à ceux de Paris.

« En 1849, une fête solsticiale est célébrée, avec le concours des Dames, et de chaleureux toats sont portés à la prospérité de la République.

« L'état de siége est décrété ; par mesure de prudence et par respect pour les lois, les tenues sont suspendues ; une fête est renvoyée pour cause politique, et des F∴ de *la Concorde* sont victimes du Coup d'Etat.

« Le rôle de la maçonnerie, sous le second empire, est connu de vous tous, mes F∴ ; je n'abuserai donc pas de vos instants pour retracer ce qui s'est passé. Un fait saillant domine la situation.

c'est le droit enlevé à la maçonnerie d'élire son grand maître, c'est ce même droit rendu ensuite, c'est enfin le grand maître supprimé et remplacé par le Conseil de l'ordre.

« 1870 arrive, année terrible ; le 5 septembre, *la Concorde* se réunit, porte une batterie de délivrance, et, quelques mois après, dans une fête solsticiale, où plus de cent convives étaient réunis, les anciens toasts sont remplacés par un toast à la République.

« La guerre, la défense nationale, les événements qui se succèdent sont la plus grande préoccupation des maçons Viennois ; ils prennent part, activement et moralement, aux grandes luttes électorales et politiques, jusqu'au 16 mai, époque que j'appellerai ridicule, et qui, sans aucun motif, suspendit, par arrêté préfectoral les deux Loges maçonniques de Vienne.

« Cette suspension, heureusement, fut de courte durée ; peu de temps après les travaux reprenaient leur cours habituel.

« Cette exquisse faite, — trop à la hâte, il faut le reconnaître, — qu'il me soit permis, mes F.·., me plaçant à un autre point de vue, de faire ressortir, de plus près, d'une façon plus intime, le rôle de *la Concorde*, dans la cité viennoise d'abord, dans la famille maçonnique et dans le monde profane ensuite.

« Si je consulte attentivement les registres de la L.·., je trouve parmi ses membres, chose assez rare, deux prêtres : l'abbé Pierre Bonjean, initié le 22 février 1789, décédé desservant à Lusinay, et l'abbé de Buffevent, attaché aux hospices de Vienne, reçu en 1791 ; je constate encore que l'abbé Pessonneaux, auteur du fameux couplet de la Marseillaise, « *nous entrerons dans la carrière....* » a été présenté et admis le 20 mars 1794, mais j'ai le regret de n'avoir pu trouver la trace de son initiation.

« Si maintenant je parcours la liste des nombreux F.·. initiés, je trouve des noms honorablement connus à Vienne : Guillermin, notaire et maire ; Boissat, Recourdon, Riondet, Moro, Sicard, Donnat, Dussol, Meysson, Debanne, Bonjean, Collombat, Ponsard ; des avocats, des avoués ; des magistrats comme Alméras-Latour, Villard et Tremeau ; des préfets comme Anglès ; des historiens comme Mermet ; des noms de grandes familles comme Dreux de Bresé, Dalembert ; des officiers supérieurs, le colonel Bournois, le colonel Comte de Lauriston ; enfin des citoyens appartenant à toutes les classes de la Société.

« De *la Concorde* sont aussi issues plusieurs Loges : La *Franche amitié*, de St-Etienne, installée le 12 Thermidor an II ; le *Parfait accord*, de Vienne, en 1808 ; la *Persévérance*, de Vienne, en 1837, et, il y a deux ans à peine, la Loge *Concorde et Persévérance*, d'Annonay.

« De nombreuses sympathies, de sincères amitiés s'étaient également attachées à *la Concorde*, et nous sommes heureux d'enregistrer les affiliations suivantes : *Sincère amitié*, de Lyon (1827); *Union et Confiance*, de Lyon (1835); *Les Enfants d'Hyram*, de Lyon (1842) ; *Les Enfants de Mars*, de Philippeville (1860) ; *L'Industrie*, de St-Etienne (1861) ; *Les Elus*, de St-Etienne

(1861); *Les Arts réunis*, de Grenoble (1861); *La Fraternité des Peuples*, de Paris (1882).

« Qu'il me soit permis maintenant d'appeler l'attention sur les Vénérables qui ont tenu, avec honneur et distinction, le 1er maillet: après le F.·. Alex, nous voyons successivement d'honorables négociants, les F.·. Gonnet, Fragner et Morel; Recourdon, avoué, Armanet et Riondet, notaires; Manchon et Linage, négociants; Thomas Mermet, qui a laissé une grande notoriété comme historien; Tremeau, qui fut vice-président du Tribunal civil; Chollier, avoué, que beaucoup ont connu et aimé; Ronjat, qui fut député à la Législative et à la Constituante; puis Verne, Thevenin, Timon, Germain, Puzin, Trouillet, qui fut un des haut dignitaires de la maçonnerie; Trumeau et Gros, ce dernier pendant dix ans; enfin Faure, avoué, et ce cher Siméon Gouët, qui nous a laissé des œuvres d'un mérite réel et de si touchants souvenirs.

« A un autre point de vue aussi, ne dois-je pas appeler l'attention sur les actes de patriotisme, de bravoure, de dévouement, d'un certain nombre de nos F.·.: — En 1791, plusieurs membres de *la Concorde* partent à la frontière, comme volontaires nationaux, pour sauver la patrie en danger; plus tard, les F.·. Dard, Féchant, Pichat et Pitrat sont récompensés pour avoir sauvé des enfants qui se noyaient; le F.·. Armanet reçut plusieurs distinctions du Ministre de l'Intérieur, pour avoir sauvé trois personnes qui allaient s'asphixier dans un puits, pour avoir arraché à la mort six enfants et leur mère qui allaient périr dans une inondation; il n'y a pas encore bien longtemps que des médailles d'honneur étaient aussi décernées à nos F.·. Chapuis père et Bonnard.

« Enfin, mes F.·., si la modestie sied bien dans certaines circonstances, il ne faut pourtant pas l'exagérer, et l'on me permettra de rappeler que *la Concorde*, en dehors de ses actes de bienfaisance permanents et journaliers, n'a cessé de se marquer, par des souscriptions et des dons, dans les grandes crises sociales comme dans les grandes infortunes. La nomenclature serait trop longue, car ces actes de générosité se comptent par centaines. Nous mentionnerons néanmoins les secours aux familles de détenus politiques (1819-1834); les victimes des grands incendies de la localité et d'un grand nombre de villes; les secours pour les grandes inondations à de différentes époques; les souscriptions pour les ouvriers sans travail de Vienne, de Lyon et d'autres localités; les secours aux veuves et aux enfants des victimes de la Révolution de Juillet; des sommes d'argent pour toutes les grandes souscriptions publiques et nationales; des dons de toute nature pendant les hivers, etc., etc.

« *La Concorde* encouragea aussi les arts, en aidant à l'achat des bannières des sociétés musicales de la ville, en offrant des prix à la société du tir Viennois et en donnant une médaille en or au dernier concours musical.

« Enfin, bien souvent, elle fit don de livrets de caisse d'épargne aux élèves des écoles mutuelles et communales de la ville de Vienne.

« Il y a dans l'existence des Loges, comme dans celle des sociétés, des situations, des impressions qui, pour n'être pas apparentes, n'en sont pas moins expressives et réelles ; c'est un sentiment intime, personnel, un lien qui unit, qui attire, qui enchaîne ; ce sont des liaisons, des rapports d'amitié, des services rendus ; c'est une intimité constante, journalière qui, naturellement, amène les hommes à se connaître, à s'aimer, à s'aider, à se soutenir.

« C'est cette page, mes F.·., que je ne veux pas écrire, mais que vous comprenez, que vous appréciez, que vous sentez ; c'est là une de ces jouissances que beaucoup de nous ont éprouvées dans *la Concorde* et qui me fait dire que la fraternité maçonnique n'est pas un vain mot et que nous avons toujours été heureux de nous décorer du nom de *Frères*.

« Je ne voudrais pas prolonger trop longtemps cette narration, qui n'est peut-être pas sans enseignement, mais dont la lecture est parfois aride : Je veux pourtant signaler un dernier fait qui a sa portée et prouve que tout n'est pas pour le mieux dans la meilleure des Loges. *La Concorde* a eu des hauts et des bas, sa situation a été souvent précaire, sa caisse quelquefois vide et le nombre de ses membres réduit à la plus simple expression.

« Nous n'avons pas toujours possédé ce temple, relativement confortable, qui domine la ville et qui nous permet de vous accueillir aujourd'hui.

« Installée d'abord cour Saint-André-le-Bas, puis place Saint-Ferréol (maison Pichat), route d'Avignon (maison dite maison Rouge), ensuite montée de Pipet, notre pauvre Loge a erré de rue en rue, de maison en maison, ne sachant parfois où s'abriter où se recueillir, et un jour, hélas ! réduite aux sept membres réglementaires, elle établit ses pénates, tant bien que mal, dans un infime grenier appartenant au Vén.·. F.·. Ronjat.

« Honorons, mes F.·., cette misère, et respectons-la !

« En terminant, mes F.·., je me demande si une Loge qui a parcouru une si longue carrière, et suivi de pareilles phases, si une institution qui a supporté tant de combats, et résisté à tant de révolutions, — je me demande si cette Loge, si cette institution ne reposent pas, l'une et l'autre, sur le vrai, sur le juste, sur le droit et si elles ne sont pas désormais, toutes les deux, sacrées et immuables.

« Poser la question c'est la résoudre, et la réponse est facile pour nous qui voulons le bien de l'humanité, le bonheur de nos semblables ; qui recherchons le progrès pacifique, matériel et moral ; qui avons foi dans l'avenir et ne désespérons pas de voir triompher les grands principes de la France républicaine et démocratique ».

Des applaudissements accueillent ce travail, et le F.·. J. Reymond, 1ᵉʳ surveillant, prend la parole :

« Mes F.·.,

« Permettez-moi d'être votre interprète pour adresser nos félicitations à notre cher vénérable F.·. Savigné, non-seulement pour le magnifique tracé dont il vient de nous donner connaissance, mais encore pour son dévouement à la Franc-Maçonnerie et pour les services qu'il a rendus à *La Concorde*.

« Après vingt ans de maçonnerie et près de dix ans de vénéralat, notre F.·. Savigné crut devoir se conformer aux principes maçonniques et démocratiques, en cédant la place à des éléments nouveaux qui fonctionnèrent bien pendant quelques temps, et qui auraient continué, si la mort n'était venue faucher nos rangs avec acharnement, en nous enlevant nos principales lumières : vénérable, 1ᵉʳ surveillant, orateur et beaucoup de bons maçons, tout cela en l'espace d'un an.

« Le coup fut terrible ; il réduisit *La Concorde* a un très petit nombre de membres, et sa position devint extrêmement difficile.

« C'est alors que nous eûmes recours à notre vénérable d'honneur le F.·. Savigné, qui voulut bien accepter de nouveau le vénéralat, malgré toutes les difficultés et les lourdes charges de la situation, et, grâce à sa sympathique et habile direction, *La Concorde* s'est rapidement et complètement relevée, ce qui nous permet de donner à notre belle fête Centenaire toute la solennité qu'elle mérite.

« Veuillez donc, mes F.·., vous joindre à moi, pour porter une triple et chaleureuse batterie à notre cher vénérable F.·. Savigné».

Le Vén.·. Savigné remercie le F.·. 1ᵉʳ surveillant, des éloges qui viennent de lui être adressés ; « En répondant à votre appel, dit-il, je n'ai fait que remplir mon devoir de maçon ; ce qui me fait plaisir, c'est que nous avons été assez heureux pour arriver à célébrer la fête qui nous réunit aujourd'hui ; je propose donc de rendre à l'assemblée la triple et chaleureuse batterie qu'elle vient de me porter ».

Le F.·. Boudier fils donne ensuite lecture d'un remarquable tracé du F.·. Vallentin, orateur de la L.·., obligé de s'absenter.

Ce tracé, intitulé *Optimisme* et *Pessimisme*, est ainsi conçu :

« Mes F.·.,

« Le monde est composé de deux sortes de gens, les optimistes et les pessimistes ; les uns sont heureux de vivre, et trouvent, comme Iphigénie, que la lumière du jour est bien douce à voir ; les autres maudissent la vie et résument leurs sentiments dans ce mot lugubre : le mal, c'est l'existence. Sans doute, ce monde n'est pas parfait, disent les optimistes, mais il vaut pourtant la peine qu'on l'habite : la science, l'art, la vertu, les joies de l'amitié et de la famille, tout cela est bon. — Hélas ! répondent les pessimistes, nous saluons la vie par des larmes, nous lui disons adieu dans un râle, et quant à l'intervalle, les joies qui s'y trouvent ne sont rien au prix des efforts qu'elles nous coûtent! Les premiers croient à l'idéal, au progrès, à la justice, et ils sont confiants et forts; les autres professent à l'égard de ces mêmes objets un scepticisme amer, et ils sont chagrins et affaissés. La même distinction, qui sépare ainsi les individus en deux classes, sert à caractériser les peuples. En Allemagne, la sombre philosophie de Schopenhauer est populaire; la France est optimiste. D'où vient cette différence de tempérament moral? Un de nos plus illustres chimistes disait un jour plaisamment : « Le pessimisme est la philosophie des peuples qui ne boivent que de la bière ; elle ne peut s'acclimater en France, le bordeaux éclaircit les idées, et le bourgogne chasse les cauchemars ». Je vous donne pour ce qu'elle vaut cette solution toute physiologique de la question; je crois, pour ma part, qu'il y a dans le pessimisme bien autre chose qu'une résultante du climat et du régime alimentaire ; j'y vois surtout une maladie morale.

« Une discussion approfondie des deux thèses qui sont en présence ne saurait entrer dans les limites que je dois m'imposer; mais je tiens à signaler un fait qui me paraît contenir un enseignement précieux. Le pessimisme n'est pas la philosophie de ceux qui souffrent, du moins de ceux qui souffrent des douleurs imméritées, et qui sont le plus maltraités par la fortune. Ceux qui luttent contre le destin contraire vont au combat en chantant, et savent mourir sans se plaindre. C'est l'excès de la jouissance qui enfante le pessimisme. Voyez plutôt : c'est à Alexandrie, la cité puissante et prospère de Ptolémée, la première ville du monde par son commerce et ses richesses, qu'apparaît, pour prêcher le suicide, Bégésias ; c'est à Rome, maîtresse de l'univers, qu'un Marc-Aurèle se fait l'apôtre de cette philosophie du désespoir, et c'est un empereur, Charles-Quint, abdiquant, qui prononce ces mots : « J'ai eu une longue vie, et jamais un plaisir sans mélange ». Au contraire, voyez la Grèce ancienne; jusqu'après les guerres médiques sa littérature est pleine de l'amour de la vie et de la lumière, dans nos temps modernes, c'est après Iéna que Fichte, dans ses discours à cette jeunesse qu'il allait envoyer à Leipsig, glorifie la souffrance, parce que c'est elle qui fait les hommes de cœur ; et pour que le pessimisme de Schopenhauer se répandit et fit fortune au delà du Rhin, il a fallu que l'Allemagne montât jusqu'au faîte de la grandeur militaire auquel elle avait tant aspiré. Ce qui est vrai des peuples, l'est des individus. Qui voit-on surtout se plaindre de l'existence? Les pauvres, les déshérités, ou bien ceux qui sont rassasiés et blasés? Où est-on le plus sûr de rencontrer l'ennui, le dégoût et la lassitude? A l'humble foyer de l'artisan, ou dans le palais de l'épicurien?

«Voilà donc un fait, comment l'expliquer? Ne serait-ce pas que l'âme humaine ne peut se reposer dans la jouissance ; que la possession tranquille de l'objet qu'elle a d'abord désiré, n'a bientôt plus pour elle aucun charme, et amène infailliblement à sa suite la satiété et le découragement. En se réalisant, nos rêves s'éva-

nouissent et ne laissent après eux que le vide et le désenchante-
ment. Où donc est le bonheur ? Et comment se définit l'optimisme, c'est-à-dire la doctrine de ceux qui croient au bonheur ?

« L'optimisme, répondent-ils, c'est la foi à la vertu, à la liberté,
à l'immortalité, à tous les grands objets dont la pensée soutient et
console ; l'optimisme, ce n'est pas la religion des jouisseurs, qui,
avec un bon estomac et beaucoup d'argent, accordent toute satis-
faction à leurs appétits, se donnent toutes les ivresses des sens;
ce n'est pas davantage le stoïcisme rigoriste, et, disons le mot,
orgueilleux et menteur, qui nie la souffrance. Non, nous ne
disons pas que le mal n'existe pas ; nous disons que la vie est
bonne, que les joies qu'elle nous offre l'emportent sur les douleurs; autrement qui consentirait à vivre ? Nous disons surtout
que la vie acquiert un prix infini, si une fois l'on est convaincu
de cette vérité : c'est que le bonheur est notre œuvre, parce que
l'élément essentiel du bonheur, pour un être raisonnable et libre,
c'est l'exercice de sa raison et de sa liberté. « L'homme de cœur,
disait Georges Sand, n'a pas le droit de savoir s'il y a quelque
chose de plus agréable que le devoir ». Le devoir n'est-il pas, en
effet, le pain quotidien qui fortifie et jamais ne dégoûte? En
dehors de lui, où est le bonheur? Mais, avec lui, que devient le
pessimisme ? Comme nous sommes forts contre les découragements et les désespoirs, quand nous avons fait notre devoir ! Si,
au contraire, nous voulons séparer le bonheur du devoir, nous
nous condamnons à une lutte inégale, nous sommes vaincus
d'avance. Le bonheur, qui se définit par l'accomplissement de tous
nos désirs, est une chimère, un but inaccessible. En vain, vous
courrez de toutes vos forces ; c'est une ombre insaisissable que
vous poursuivez, et vous tomberez dans la carrière avant d'être
guéri de votre illusion. Vous savez le proverbe: la fortune vient
à ceux qui dorment ; de même le bonheur vient à ceux qui ne le
cherchent pas ; il est comme le papillon, fuyant l'enfant qui le
poursuit, et se posant sur la fleur qui l'ignorait.

« Les pessimistes disent : le devoir n'est-ce pas la lutte, n'est-ce
pas l'effort, et par conséquent la douleur ? Cette déduction n'est
pas exacte. L'effort exprime un besoin, soit, mais ce besoin se
satisfait en se développant. Le travail est très positivement une
jouissance. Voir sous sa main ou dans sa pensée croître son œuvre,
que ce soit la moisson du laboureur ou le chant du poëte ; s'iden-
tifier avec elle, sentir qu'on crée quelque chose, et voir cette chose
sous ses yeux, c'est un plaisir. Eh bien, l'homme de devoir, lui
aussi, est un créateur, un artiste; lui aussi a un idéal à réaliser,
à savoir la vertu parfaite, plus il s'en rapproche, plus il se com-
plaît dans sa tâche; et s'il parvient, autant que le permettent les
forces humaines, qui ont une limite, à mettre sa conduite à l'unisson de cette voix intime qui raisonne dans son âme, alors il est
heureux; alors son cœur s'ouvre délicieusement aux harmonies
extérieures; d'accord avec lui-même, il entend mieux le concert
de la nature; il comprend désormais la profonde vérité de cette
parole de Rousseau : « fais une bonne action, et tu aimeras la
vie ».

« Cette philosophie, faite de bonne volonté, d'énergie et de foi à l'idéal, n'est pas moins féconde en résultats au point de vue social et politique ; car c'est la philosophie du progrès. Que font les pessimistes ? Ils déclarent vain et insensé le rêve d'une humanité future, meilleure et plus heureuse que celle que nous connaissons ; ils interrogent l'histoire, et l'histoire, vue d'un certain biais, semble leur donner gain de cause ; que nous offre-t-elle autre chose, en apparence, que le spectacle d'une immense tragédie, dans laquelle la force, la ruse, l'hypocrisie, l'égoïsme sous toutes ses formes, écrase le droit, foule aux pieds la justice, entasse ruines sur ruines, et du haut de son despotisme brutal tient l'univers sous sa loi ? C'est la guerre éternelle de tous contre tous.

« Cette interminable série de défilés sans fin, de scandales qui se répètent de siècle en siècle, ne sont-ils pas la preuve vivante que l'homme est radicalement mauvais et condamné à perpétuité à être opprimé ou oppresseur, esclave ou tyran ? Voilà les faits, clairs, indéniables et d'une éloquence terrible contre cet optimisme idéaliste qui, après une expérience de plus de cinquante siècles, s'obstine à se bercer d'illusions ! De ce point de vue, on le comprend aisément, les pessimistes n'ont pas de peine à conclure que ce que nous décorons du beau nom de liberté n'est qu'impuissance ; qu'espérer changer le monde, c'est rêver les yeux ouverts, et qu'en somme, il faut être bien fou pour croire à des jours meilleurs. Non, non ! Liberté, justice, abnégation, fraternité, rêves caressants, mais menteurs ! tôt ou tard l'heure du réveil sonnera, où nous serons cruellement désabusés ! La foi appartient à la jeunesse ignorante et inexpérimentée ; l'âge mûr est sceptique, et il n'a que trop de raisons pour l'être !

« Cette doctrine négative, mise en pratique, aboutirait à l'indifférence absolue, à l'inertie, au nihilisme ; bien plus, à une misanthropie farouche ; car l'homme est ainsi fait, que s'il ne peut s'attaquer à la cause même de son mal, il s'en prend à ses compagnons d'infortune. La haine implacable, la lutte sauvage, serait la loi de l'humanité, et le mot de Voltaire serait justifié. « Le monde est un grand naufrage ; la devise des hommes est : sauve qui peut ! »

« L'optimisme interprète autrement l'histoire, il ne nie pas les ressemblances que présentent les phases successives de la vie de l'humanité, mais, au sein même de cette identité apparente, il démêle des différences profondes. Sans doute, l'homme est toujours homme, et nous n'espérons pas qu'il ne soit jamais un ange ; sans doute, l'égoïsme et les abus de la force sont loin d'avoir dit leur dernier mot. Cependant, nous devons constater que leur champ d'action se resserre dans des limites de plus en plus étroites ; c'est toujours, dans une certaine mesure, la lutte pour l'existence ; mais le terrain de cette lutte perd de son étendue, et surtout son objet se déplace incessamment. Aux époques qui correspondent au berceau de la civilisation, les hommes durent se battre pour sauvegarder leur vie et leur liberté corporelle ; plus tard, ils entrèrent en lice pour défendre leurs propriétés et la sécurité de leurs familles; plus tard encore, ils revendiquèrent la liberté de penser et la liberté de conscience; de nos jours, ils travaillent à conquérir leurs droits politiques. En même temps que tombent ainsi une à une les chaînes de l'esclavage primitif, et que la bienfaisante liberté étend ses conquêtes, la science et l'art remportent aussi d'éclatants triomphes, les mœurs s'améliorent, l'ignorance et la barbarie reculent devant la lumière et la civilisation, la guerre devient plus humaine et plus rare; en un mot, le culte du beau, du vrai et du bien, de concert avec les progrès du commerce et de l'industrie, change peu à peu la face du monde. Que l'on mette en parallèle le bien-être dont nous jouissons, nos législations et nos mœurs contemporaines, avec la situation matérielle et morale dans laquelle se trouvait, je ne dis pas les premiers hommes, mais nos aïeux d'il y a quelques siècles à peine, on sera surpris du chemin parcouru.

« L'optimiste s'empare de ce fait, et par une induction légitime, il croit fermement à la loi du progrès; pour lui, l'âge d'or n'est pas derrière nous, il est dans l'avenir; il est sincèrement convaincu que la race n'est pas éteinte de ceux qui, hommes de génie et de courage, législateurs, moralistes ou poètes, ont travaillé sans relâche à l'émancipation de la pensée humaine et à l'avènement de la justice, depuis Socrate jusqu'à Descartes, à Voltaire et à Victor Hugo.

« Ce culte de l'idéal et du progrès est fécond en grandes choses; c'est une doctrine de charité et d'abnégation. L'optimisme apprécie la vie et les hommes; partant, il les aime et les respecte. Il est généreux, dévoué, ami sûr et bon citoyen; ennemi irréconciliable de toutes les misères, particulièrement de l'ignorance, la source de toutes les autres, il met son activité toute entière au service des nobles causes: l'instruction, la moralisation des classes laborieuses; il apporte joyeusement son tribut à l'œuvre de la délivrance universelle.

« Sans cette foi à l'idéal, que deviendrait la sainte religion de la patrie? Toutes conditions étant égales d'ailleurs, une armée démoralisée est une armée vaincue avant le combat, mais celle qui a confiance dans ses aigles est invincible; de même, mettez deux peuples en présence: l'un a dépensé tout son élan, épuisé ses forces, et ne croit plus à ses dieux; l'autre regarde dans l'avenir avec assurance, il sent qu'il est maître de ses destinées. Ce peuple sans idée, sans espoir, désenchanté, et qui croit son rôle fini, est un peuple perdu; mais le second, fort de sa foi, inaccessible aux découragements, et qui sait que la fortune aime ceux qui lui font violence, est un peuple tout puissant; l'avenir lui appartient.

« Combien dès lors le pessimisme a tort contre l'espérance obstinée d'une nation! Quel crime contre la patrie on peut commettre en abattant les énergies viriles d'un peuple! car, il faut qu'on le sache, notre optimisme n'a rien de commun avec cette confiance aveugle et téméraire qui se repose dans l'inertie d'un quiétisme mortel; non, ce n'est pas de ce sommeil léthargique que nous parlons; nous savons trop, hélas! qu'il est dangereux

de dormir aux bords des abîmes ; l'effroyable coup de foudre de l'année terrible retentit encore douloureusement à nos oreilles. Nous sommes idéalistes, sans doute, mais nous sommes des idéalistes d'action, des idéalistes militants, non des esprits rêveurs, suspendus perpétuellement dans je ne sais quelles régions supra-terrestres, dans une sorte d'éther impropre à la respiration, et attendant le succès des seules libéralités de la fortune. Nous n'ignorons pas le proverbe : aide-toi, le ciel t'aidera ! et nous essayons de le mettre en pratique.

« Ainsi défini, notre idéalisme est, croyons-nous, la philosophie de la saine morale et de la bonne politique. Nous n'aimons pas les faiseurs d'utopies extravagantes, mais nous aimons encore moins les indifférents et les sceptiques. C'est pour ne pas croire à l'idéal, que des hommes, sincères d'ailleurs, sont ennemis de nos institutions. — La république, une république idéale, c'est une bien belle chose, sans contredit ; liberté, égalité, fraternité, quelle noble devise.... en théorie ! mais la pratique, mais le réel, mais le pain quotidien ? — Eh ! mon Dieu, il n'est pas si détestale le pain quotidien, nous en avons mangé de plus amer ; et puis, nous sommes en voie de le perfectionner ; l'humanité ne va pas si vite que les divinités de l'Iliade, qui, en trois pas, franchissaient le ciel : elle marche cependant, lentement, mais sûrement ; soyez patients, soyez hommes de bonne volonté, et le succès est à nous ; ayez la foi ! Qu'est-ce qui anime et soutient l'artiste ? La conception de son idéal. Qu'est-ce qui enlève le soldat hésitant ? La vue du drapeau et l'honneur de la patrie enfermé dans ses plis. Qu'est-ce qui nous encourage et nous excite, nous tous, travailleurs de l'avenir, artisans d'une grande idée, l'idée démocratique ? C'est la croyance à sa réalisation universelle par le progrès constant de l'instruction et de la moralité.

« Nous croyons fermement, mes frères, qu'il faut se défier des influences qui pourraient nous solliciter en sens contraire de l'optimisme et de l'idéalisme ; rien en apparence ne paraît plus antipathique à l'esprit français, que cette doctrine négative et dissolvante, dont la formule est : la vie est mauvaise. Nous ne croirons jamais que nous soyons à la merci d'une puissance hypocrite, dieu ou nature, qui nous aurait créés pour être le jouet de sa capricieuse volonté, jusqu'au jour où elle nous briserait comme l'enfant son hochet. Une théorie qui équivaut à l'athéisme, et qui paralyse toute énergie dans les âmes, semble si opposée à notre tempérament national, qu'il peut paraître superflu de la signaler comme un péril. Cependant, ce mal étranger a essayé, et non toujours sans succès, des excursions hors de ses frontières. Nous avons vu, chez nous, un écrivain éminent reprendre les enseignements de Schopenhauer, et déclarer que la nature est un tyran dont nous serons perpétuellement les dupes. « Nous sommes exploités », tel est le dernier mot des dialogues philosophiques ; il est vrai que ce livre a été écrit sous l'impression d'évènements pénibles, après les Prussiens et la Commune, ce qui explique, en grande partie, la disposition maladive et chagrine de l'auteur.

Sous le coup d'aussi grands désastres, la foi la plus robuste peut être frappée dans ses espérances, et encore la sienne n'était-elle pas complètement éteinte ; car, dans sa préface, le philosophe garde comme un sourire dans ses larmes ; il nous prévient que si quelqu'un devait être trop attristé en le lisant, il faudrait, pour le consoler, lui dire comme ce bon curé qui fit trop pleurer ses paroissiens en prêchant la passion : « mes chers enfants, ne pleurez pas tant, il y a si longtemps que cela est arrivé ! et puis ce n'est peut-être pas vrai ». Prédication assez étrange ; si ce curé là a jamais existé, ce doit être celui de Meudon. Mais cette petite anecdote n'est-elle pas une révélation ? Ne montre-t-elle pas que le pessimisme ne convient point à notre caractère ; que, chez nous, les plus tristes gardent un fond impérissable de bonne et franche gaîté, et ne peuvent se défendre d'espérer que cette doctrine amère et décourageante n'est pas la vraie ?

« Combien, d'ailleurs, sont pessimistes, uniquement pour avoir le bénéfice d'avoir prédit quelque chose ! Parmi leurs innombrables prophéties sinistres, il y a des chances pour qu'une au moins se réalise. Alors ils s'emparent de ce fait, deviné et prévu par eux ; ils jouent au profond politique, et, malheureusement, ils rencontrent des niais pour leur délivrer un brevet de génie.

« Mais ce n'est pas seulement dans notre philosophie que le pessimisme a essayé de faire invasion ; c'est aussi dans notre littérature et dans nos mœurs ; il suffit, auprès de certains esprits, qu'un écrivain soit mélancolique, pour que ses œuvres soient déclarées vraies entre toutes ; sans doute, la douleur sincère a droit à nos sympathies, et nous ne serions pas des hommes, si elle ne trouvait pas un puissant écho dans nos cœurs ; mais la tendance que je signale est tout autre chose ; je veux parler de cette disposition malsaine à rechercher surtout le commerce des esprits mécontents, à accueillir avec des tendresses exagérées tous ceux qui ont un tempérament élégiaque, à se nourrir exclusivement des poètes dont la lyre gémissante ne vibre qu'à l'unisson de nos tristesses. Dans un certain monde, ce n'est pas le franc rire sous les brillantes clartés du soleil, qui a le beau rôle, ce sont les soupirs au clair de lune. La pâleur et l'anémie ont une sorte de distinction ; on prend des attitudes de saule pleureur ; c'est plus décent, et c'est mieux porté. Or, je vois là les symptômes d'une maladie qui énerve les caractères, amollit les âmes, et les laisse sans courage et sans force aux heures de la lutte et du péril. Mais, grand dieu ! nous sommes des gaulois ; et la gaîté, vertu gauloise, a bien son prix. Rabelais et Montaigne savaient rire. Descartes était de bonne humeur ; nos voisins (les buveurs de bière), affectent de trouver notre gaîté excessive, et se posent en gens sérieux : « les français sont légers et frivoles ! ils ont été bien rudement éprouvés et sont encore trop malades pour afficher un si bruyant optimisme ». Qu'on se rassure ! Nous travaillons à notre rétablissement, nous mettons à profit les leçons du passé, nous nous guérissons ; mais, que je sache, la gaîté ne messied pas à des convalescents ; la gaîté n'est pas la frivolité, ni la légéreté la gaîté est le signe que la santé est proche ; n'ayons donc pa honte de nous bien porter, pour conserver toujours la passion des grandes choses, la force des grands espoirs, la foi puissante qui soulève les montagnes ! »

Divers chants maçonniques et patriotiques se font tour à tour entendre, et la cérémonie du Temple se termine par une chaleureuse improvisation du F∴ Alimargarot, délégué du Grand Orient de France :

« Vén∴ maître et vous tous mes F∴,

« La fatigue du long voyage que nous avons dû faire pour répondre à votre appel me servira d'excuse si je ne fais que résumer en peu de mots les impressions que nous a laissées cette assemblée générale du G∴ Orient de France, à laquelle nous venons d'assister et qui vous intéresse à si juste titre.

« Ces impressions sont, passez-moi l'expression, un peu *mêlées*. Certes il est joyeux de constater que chaque année apporte au G∴ Or∴ de France un accroissement, en prospérité matérielle et puissance morale. C'est un légitime sujet de fierté qu'à chaque assemblée nouvelle environ mille membres nouveaux, profanes attirés à la lumière, à notre appel fraternel, puissent répondre *présent*. Mais ce n'est pas, sinon sans tristesse, au moins sans quelque appréhension, qu'on voit se manifester, dans le sein même de l'ordre, ces tendances qui, inspirées par le légitime usage de la liberté des vues, sont à ce titre dignes de toute la considération de toute la franc-maçonnerie, mais qui n'en risqueraient que davantage d'en compromettre son précieux héritage.

« Je me hâte de déclarer, pour rassurer des sympathies dont je suis fier, pour ne point me les aliéner sitôt, que j'ai été toute ma vie et entends demeurer un homme d'avant-garde. Si un projet de réformes hardies froisse mes habitudes de penser et les étonne, je commence par me méfier de mon propre jugement, pour me demander si ce ne sont pas les années qui ont refroidi mon sang, paralysé mon enthousiasme ; je suis pour elles un juge indulgent et même favorablement prévenu, car j'ai à cœur, je tiens à honneur de rester jusqu'à la fin un de ceux qui marchent en avant, sans préjugé et sans timidité d'esprit.

Mais nous autres, les anciens, les vieux dévoués de la maçonnerie, nous sommes quelquefois émus et inquiets de tous ces projets de réforme agités par les nouveaux, parce que nous tenons avant tout à l'institution, et que nous ne savons pas, disons-le dans notre âme et conscience, jusqu'où peut aller l'émondage du vieil arbre, jusqu'où la hache peut tailler, sans risquer d'atteindre la sève et de risquer la vie.

« Et les hardis, ce sont en général, notons le bien, les derniers venus, nous remettent malgré nous en mémoire, un chapitre de l'*Esprit des lois*, que citait, il y a peu de jours, un ami et un F∴ éminent, Auguste Dide. Trois lignes de Montesquieu dont je ne garantis pas le texte, mais seulement le sens : « Quand les sauvages voient un arbre chargé de fruits, pour avoir les fruits, ils

coupent l'arbre ». Et dans sa concision, le chapitre est gros d'enseignements et digne de toutes nos réflexions.

« Oui, il nous faut cueillir les fruits de la maçonnerie, sans
couper le vieil arbre, pour que les fruits qu'il porte ne soient pas
les derniers qu'il nous pourra donner. Parce que chez lui l'an-
cienneté ne fait pas la vieillesse, mais au contraire accroît sa force
et sa fécondité. Je n'en veux citer d'autre preuve que celle que
vous me fournissez vous - mêmes , celle de votre atelier de
cent ans révolus, qui a deux titres à nos sympathies et à nos
respects, celui de son glorieux passé, et celui du prospère avenir
que votre dévouement et votre zèle lui garantissent. Comme la
loge *la Concorde*, la franc-maçonnerie tout entière est à la fois
ancienne et jeune ; en la regardant dans le passé, on l'admire,
mais on n'attend pas moins de son avenir.

« Nos cadets, c'est quelquefois leur force et souvent leur danger, sont naturellement disposés à prendre tous les mouvements
pour des progrès. Ils méconnaissent que le mot réforme n'a
jamais été synonyme de changement Le progrès que nous
aimons autant qu'eux-mêmes a deux éléments, le passé souvent
défectueux, mais trame nécessaire de l'avenir ; il faut l'un et l'autre pour l'étoffe nouvelle. Le progrès n'est qu'un travail accompli
sur l'héritage. Nous voulons aller en avant, en avant toujours et
hardiment, mais en jetant quelquefois les yeux en arrière, sur la
route qu'ont suivie nos devanciers; y a-t-il d'autre moyen de ne
pas dévier de ce droit chemin qui doit nous mener du point de
départ au but éternel !

« Aurait-on actuellement quelque excuse pour se départir de
ces initiatives graduelles et réfléchies ? Est-ce le moment de tout
risquer, passé et avenir ? Nous n'y verrions certainement que
demi mal si nous nous trouvions sinon à la fin de l'œuvre, tout
au moins aux approches du but. Certes, je crois fermement la
République irrévocablement conquise, implantée et fixée. Ce
n'est pas qu'on se soit donné beaucoup de peine pour en asseoir
les fondations, les consolider contre des retours possibles. Il ne
peut y avoir à ce sujet qu'une voix parmi nous pour déplorer que
douze années se soient écoulées sans qu'on ait réalisé les réformes les plus nécessaires, les plus urgentes. Notre République est
un grand chantier que les entrepreneurs ont bien lentement mené.
Mais ce qui fait sa force, c'est que si elle était attaquée, je crois
ardemment qu'il n'y aurait plus de divisions ni même de discus-
sions, que tout patriote se lèverait pour défendre les intérêts premiers et vitaux, que, si imparfaite qu'elle est, en vertu de la force
seule de son principe, elle suffit à préserver et à garantir.

« Elle est et elle sera. Mais si la nation s'est reconquise, où en
est donc l'affranchissement intellectuel de chacun des nationaux?
Cette liberté de la pensée dont le principe a certainement été vic-
torieusement revendiqué, relevé et conquis, aurait-il donné tous
ses fruits en douze années ! Le moment est-il venu, où l'on peut,
la montée de la civilisation franchie, traiter la franc-maçonnerie
comme ce cheval de renfort qu'on renvoie du sommet de la col-

line, les rênes sur le cou et les traits sur la croupe, essoufflé, et désormais superflu ?

« Hélas, ce qui est fait est bien petit, mis à côté de ce qui reste à faire. Quelques esprits se sont affranchis, mais combien peu ! Si l'on comptait les libres penseurs, ne nous dissimulons pas que pour faire le recensement, il ne serait pas besoin d'un gros registre. Que nous en connaissons, sinon dans nos loges, tout au moins dans le parti démocratique même le plus avancé, de ces esprits très libéraux , bien intentionnés, qui s'inclinent certainement devant la libre pensée, qui font même quelquefois partie des comités qui la proclament, et qui, hélas! ressemblent à des médecins très soigneux du régime de leurs malades et qui, pendant ce temps, ne surveillent pas assez le leur. C'est qu'on ne se débarrasse pas en un jour et par un bon mouvement, à volonté, de ces déplorables plis de l'éducation religieuse et spiritualiste, et des convenances sociales, dernier et puissant retranchement de tous les préjugés ; il y a aussi, dans le monde moral, des mauvaises herbes tenaces, qu'un seul labour ne suffit pas à détruire.

« Si nous jetons les yeux au dehors, au delà, plus loin, c'est bien autre chose. Il est incontestable qu'une moitié du genre humain, à bien peu d'exceptions près, la femme, n'a point vu poindre la première aurore de l'affranchissement moral. Et c'est la moitié qu'il serait le plus important, le plus urgent de libérer, non-seulement parce qu'elle dispose sur l'autre moitié d'une influence, d'une certaine étendue, mais parce qu'elle tient dans ses mains, sous son empire le plus complet et certainement le plus légitime, les jeunes cerveaux de tous nos enfants!

« Et derrière ces premiers plans, au delà du monde où nous vivons, l'obscurité va s'épaississant, et c'est à faire hésiter le plus ferme courage que de jeter les yeux dans les couches profondes de l'humanité, sur l'immense majorité composée des sauvages de toutes les variétés, aussi réfractaires du progrès les uns que les autres, soit qu'ils prostituent la dignité de la personne humaine en des cérémonies raffinées, ou qu'ils se mettent avec simplicité des anneaux dans les lèvres et dans le nez. La plus grande partie de la substance intellectuelle, élément du progrès, se perd encore dans le gouffre des ignorances des préjugés, des contemplations et des terreurs d'inconnu et de tous les fanatismes. A côté d'un petit coin cultivé, dont la franc-maçonnerie a largement défriché sa part, et que nous nous efforçons d'agrandir petit à petit, tout autour c'est l'immense forêt vierge, avec ses ombres, ses fauves, et ses reptiles !

« Et le moment paraîtrait venu, déjà, de compromettre notre puissante organisation, et avec elle la puissante action de la grande société émancipatrice; cette grande franc-maçonnerie qui, par une merveilleuse intuition, relevant le travail moral, réhabilitant à ses propres yeux l'humanité, jetant le cri d'appel à l'œuvre utile, de confiance dans l'avenir social, dédaignant tout ce qui n'est pas de la terre, et positif, et pratique, tout ce qui n'est pas devoir, devoir civique et social, — a ainsi enfoncé la grande charrue dans les vieilles ronces, — a fait le sillon utile, montré le but fécond, le véritable progrès de l'humanité par les efforts associés, — a créé la secte des sociaux dont nous sommes, la secte de ceux qui poursuivent l'idéal terrestre, le vrai, la réalisation graduelle de la fraternité, de l'égalité et de la liberté, et qui, dans cette recherche passionnée de la justice, a mis sa note personnelle, la note si puissante du dévouement, de la bonté et de l'affection!

« Ne faisons pas ce triomphe à nos ennemis. Gardons à l'humanité sa meilleure et plus fidèle amie, celle qui, inaccessible à ses divisions et à ses défaillances, tient à honneur de la rassembler, de la soutenir, quand il est besoin de la devancer toujours. Gardons à l'armée du progrès son avant-garde.

« Je vous en conjure, mes chers F.·., quand des questions vous seront posées, et elles le seront bientôt, dont la solution pourrait peut-être mettre en péril les conditions même d'existence de la franc-maçonnerie, de cette maçonnerie que vous avez si bien servie durant cent années, ne portez sur elle que des mains pleines d'égards, tremblantes d'affection filiale et de délicate sollicitude. Faites des réformes, toutes celles qui vous paraîtront utiles. Ce ne sont pas les applications successives du progrès qui peuvent effrayer ses plus dévoués serviteurs ! Notre institution n'est pas de celles qui ne peuvent supporter les atteintes de la liberté, d'un air plus vif et d'un soleil plus ardent. Elle ne ressemble pas à ces institutions qui, plutôt que de s'accommoder du changement des temps et des idées, craquent et chavirent. Nous n'avons rien de commun avec celle-là qui, devant le flot montant, s'enfonce en jetant avec un *non possumus*, avec son aveu d'impuissance, l'arrêt trop tardif de sa condamnation !

« Réformez, émondez, mais respectez le vieil arbre, et laissons-le, au-dessus des plaines, sur sa hauteur sereine, sur la montagne, aux pieds de laquelle s'écoule, rectifié et élargi par l'influence même de la franc-maçonnerie, le grand fleuve de la démocratie et du progrès social ».

BANQUET

La salle de banquet avait été admirablement disposée dans la partie de la Loge ombragée de platanes. Au-dessus de longues files de tables, flottent des drapeaux dont les vives couleurs se mêlent aux touffes de verdure ; en tête, le buste du fondateur de la Loge, Joseph Alex, et à la table d'honneur prennent place les délégués du Grand Orient, les vénérables des diverses Loges: les FF.·. Alimargarot, Doué, Meynard, Savigné, Giraud, Reynier, Tardif, Lagrange, Bourceret, Bailly, Dumesnil, Roger, Girerd, Chapon, etc.

3oo convives sont là présents, rangés sur trois longues tables ; le dîner est admirablement servi par M. Chapuis, et, de temps en temps, des chants patriotiques et maçonniques se font entendre.

Au dessert, de nombreux toasts et discours sont prononcés, et nous sommes heureux de les donner :

Toast du F.·. Giraud, Vén.·. de la L.·. Les Amis Réunis de Grenoble

« FF.·. de la Concorde,

« Avant de rentrer dans notre Or.·. j'éprouve le besoin de vous témoigner toute ma reconnaissance pour l'accueil fraternel que vous nous avez fait et le plaisir que nous avons goûté dans cette fête dont le souvenir restera toujours gravé chez nous.

« Je puis vous dire que c'est avec un sentiment de piété filiale, en quelque sorte, que nous sommes venus célébrer le centenaire de cette vieille L.·. de *La Concorde* qui a été comme le berceau de la franc-maç.·. dans notre beau pays de Dauphiné.

« Il faut convenir, mes FF.·. que le fondateur de cette loge fut heureusement inspiré et avait bien choisi son heure. En 1781. on sentait déjà que le vieil édifice du passé, dont les matériaux n'étaient que mensonges, iniquités, injustices, chancelait sur ses bases et allait bientôt joncher le sol de ses ruines; que sur ces ruines il fallait édifier le temple de l'avenir, ce temple qui doit un jour réunir l'humanité tout entière dans la paix et la fraternité.

« Il n'est donc pas étonnant, mes FF.·., que les architectes à qui incombe cette tâche, les F.·. M.·. se soient réunis de tous côtés pour fonder cette L.·. dont nous célébrons aujourd'hui le centenaire. — Honneur à leur mémoire !

« Mais cet édifice, dont les fondations ont été jetées, est loin d'être achevé ; que d'efforts il nous reste à faire pour l'achever, pour en faire le couronnement !

« Courage donc, mes FF.·., et tous à l'œuvre pour la terminer. Le succès est à nous, mais à une condition *sine qua non* : c'est d'être et rester unis. C'est pourquoi, mes FF.·., je bois à *La Concorde* ».

*Toast du F.·. Bailly , Vén.·. de la L.·. Amis de la Vérité
de Lyon*

Mes FF.·.,

« J'aurais désiré qu'une voix plus autorisée que la mienne
vint vous remercier ; mais puisque j'ai été délégué, je vais m'ac-
quitter de mon mieux de cette tâche agréable.

« Au nom de la maç.·. lyonnaise, je vous remercie de l'accueil
bienveillant que nous avons reçu parmi vous. Toutes les bonnes
paroles que nous avons entendues ici seront reportées dans nos
LL.·. respectives, afin de célébrer dans nos temples le centenaire
que vous fêtez aujourd'hui.

« Bientôt aussi nous vous convierons aux centenaires des L.·.
Lyonnaises qui, comme vous, ont la gloire d'avoir traversé les
époques d'épreuves sans cesser de vivre ; et nous souhaitons que
La concorde dont vous portez le nom, ainsi que l'*Union Maç.·.*
soient un fait accompli, malgré l'insuccès de la fusion, qui, espé-
rons-le, se fera dans un temps peu éloigné, le travail et les
devoirs des maçons étant uniformes.

« Au nom de la G.·. L.·. S.·. E.·. que je représente, merci de
votre accueil frat.·. et puisque cet accueil est le même pour tous,
les maçons voient une fois encore qu'en se tenant par les mains,
ils seront toujours l'avant-garde du progrès.

« Merci, mes FF.·., trois fois merci ».

Un vétéran de la maçonnerie Viennoise, le F.·. Florence,
déclame une pièce de vers maçonnique, pleine d'a-propos,
qui est accueillie par de chaleureux applaudissements.

*Toast du F.·. Dumesnil , de la L.·. Les Droits de l'Homme
de Paris*

« Mon cher V.·. et vous tous mes FF.·.,

« Avant de quitter ce beau pays du Dauphiné, je tiens essentiellement à rendre un respectueux hommage aux citoyens qui,
en 1787, se sont réunis au château de Vizille, contre et malgré la
volonté du maître d'alors qui s'appelait Louis XVI.

« N'oubliez pas, mes frères, que c'est dans cette mémorable réunion, qu'a été agitée l'idée de s'organiser afin de résister à la
tyrannie des rois, des prêtres et de tous leurs satellites.

« N'oubliez pas non plus que, depuis l'année 1627, vos concitoyens n'avaient pas pu se réunir pour s'occuper de la chose
publique.

« Rappelez-vous encore que c'est dans ce beau et fertile terroir
du Dauphiné que vos ancêtres ont déposé, en 1787, le grain qui
devait produire, deux ans plus tard, les États Généraux, préface
de la glorieuse Révolution française.

« Chers Dauphinois, mes frères, joignez-vous à moi pour saluer
avec une admiration profonde ces illustres citoyens. Portons un

toast à leur mémoire ; que le souvenir de leurs vertus civiques reste gravé dans nos cœurs et nous serve d'exemple. Buvons à la maçonnerie et à la République démocratique.

« Je profiterai de cette occasion pour vous prier de vous unir à moi pour porter un toast à la plus grande auxiliaire des révolutions de 1789, 1848 et 1870 , la presse républicaine et démocratique et aux hommes de 1848.

« Cette révolution de 1848, qu'on paraît trop délaisser, tiendra une large place dans les annales de la démocratie. Les noms de ses courageux promoteurs devront être inscrits en lettres ineffaçables sur son livre d'or, parce qu'ils s'appelaient Armand Carrel, Godefroy Cavaignac, Louis Blanc. Eugène Pelletan, Barbès le Bayard des Bayards, Blanqui l'incorruptible, Raspail l'indomptable, et le vertueux Delécluze, qui, après la défaite de 71, n'a pas hésité un instant à offrir généreusement sa vie en holocauste à la révolution vaincue.

« Je bois à la Révolution de 1848, dont j'ai été un obscur comtemporain, je bois à la presse, cette grande justicière de toutes les iniquités humaines, cette gardienne vigilante de toutes nos institutions.

« Je bois également à la santé de ses rédacteurs, souvent méconnus, parfois calomniés, mais que vous avez toujours trouvé sur la brèche lorsqu'il s'agit, dans les moments difficiles, de défendre, par la plume ou par les armes, vos droits méconnus, la justice outragée, nos libertés menacées.

« Mes FF.·., je bois à la maçonnerie unie à la République, à la presse, à ses courageux rédacteurs.

Un assistant réclame contre l'omission de Garnier-Pagès.

« Je vous demande pardon, mes FF.·., j'ai en effet oublié quelques noms parmi les hommes qui ont défendu la cause du peuple en 1848, notamment Garnier-Pagès et Ledru-Rollin ; — Ledru-Rollin, cet armurier célèbre des temps modernes auquel nous devons cette arme magique qui a le double avantage de conserver la vie et de donner la mort.

« Elle conserve la vie, parce qu'elle est la puissante pondératrice des révolutions sanglantes et destructives, elle donne la mort, parce que c'est une arme terrible qui peut, avec le moindre effort, réduire en poussière les derniers vestiges de la réaction aux abois, et elle est appelée à être, dans un avenir prochain, la souveraine tutélaire des peuples libres et des nations civilisées.

« En 1848, Garnier-Pagès a été victime de la calomnie de la réaction. Son impôt des 45 centimes, tant désiré, n'a été proposé que pour équilibrer le budget en déficit, et dans le but de sauver le pays. Quels qu'aient été les résultats de cette mesure, Garnier-Pagès a droit à notre estime et à notre admiration. Si on avait écouté le banquier Fould, ancien ministre des finances de Napoléon III, la France aurait été déclarée en faillite de 1/10 de la fortune du pays ; avec ses 45 centimes, le républicain Garnier a du moins sauvé l'honneur de la Nation ; honneur à sa mémoire ! ».

*Toast du F∴ Roger, de la L∴ Les Amis de la Tolérance
de Paris*

« Mes FF∴,

« C'est au nom du V∴ et de tous mes FF∴ des *Amis de la
Tolérance*, de Paris, que je suis chargé de porter un toast au V∴
et aux FF∴ de la L∴ *La Concorde*.

« Je vous remercie de votre invitation et de votre charmant
accueil.

« Je ne puis, en cette circonstance, m'empêcher de vous faire
remarquer que votre L∴ et la nôtre sont affiliées moralement
sinon affectivement, car l'idée qui a présidé à leur fondation est
la même : *Concorde* et *Tolérance*. En effet, il y a cent ans, nos
pères avaient compris, comme nous le comprenons aujourd'hui,
que c'est par la tolérance, c'est-à-dire par des concessions mutuelles que nous pouvons espérer d'arriver à l'entente des hommes
entre eux, à la Concorde générale, à l'union de la grande famille
humaine, en un mot à la réalisation de notre sublime rêve : la
fraternité universelle et la paix entre tous les peuples.

« Je bois donc, avec vous mes frères, à la fraternité des peuples ! »

Toast du F∴ Reynier, de l'Or∴ de Lyon

« V∴ de la Concorde et vous tous F∴ qui composez ce res-
pectable At∴.

« Le V∴ des *Amis de la Vérité* ayant porté la parole
au nom des FF∴ de l'Or∴ de Lyon, je ferais double emploi en
venant à mon tour vous témoigner combien nous avons été tou-
ché de l'accueil si franc, si sincère, dont nous avons été l'objet
de votre At∴ ; mais je croirais manquer à mon devoir, moi qui
depuis plus de trente années ai assisté à vos travaux, si je ne sa-
luais pas, à mon tour, la grande figure du F∴ Allex, de ce M∴
modèle qui, à une époque difficile, n'a reculé devant aucun obs-
tacle pour doter *La Concorde* de ses constitutions, qui, pendant un
siècle, a donné de si précieux gages à la cause sacrée du progrès et
de la liberté

« Et je fais les vœux les plus sincères pour que les travaux à
accomplir soient aussi féconds que ceux du siècle écoulé dont ce
jour clos la liste, afin que ceux qui célèbreront le deuxième centenaire puissent dire ce que nous disons aujourd'hui : ils ont bien
mérité de la M∴, de la patrie et de l'humanité ! »

Toast du F∴ Bourceret, de l'Or∴ de Grenoble

« Mes FF∴

« Je ne m'attendais pas à prendre la parole à l'issue de ce
banquet fraternel; mais puisque le F∴ Dumesnil, ce vétéran
estimé de la démocratie, dont je m'honore d'être l'ami, a porté la
santé de la presse républicaine, je crois mes FF∴, qu'il est de

mon devoir, en ma qualité de maçon-journaliste, de lui répondre et de vous remercier de l'accueil chaleureux que vous avez fait à son toast.

« Aucun de vous n'ignore, mes FF.·., que les organes de la démocratie, même ceux qui sont exclusivement dirigés et rédigés par des prof.·., sont tout dévoués aux At.·. de la Maç.·.. D'ailleurs, pourrait-il en être autrement ? Est-ce que la maç.·. n'a pas toujours figuré à l'avant-garde de l'armée des vaillants émancipateurs qui ont entrepris la tâche, à la fois noble, délicate et difficile, de réformer le vieux monde ? On peut dire, sans exagération, de la F.·. M.·., qu'elle a été le premier foyer de la véritable philanthropie et qu'elle a eu le mérite de mettre en pratique, — avant même qu'ils ne fussent connus du monde prof.·., — les principes de la solidarité humaine, cette noble vertu qui, je l'espère, remplacera complètement, et dans un avenir prochain, la charité humiliante des agents de la superstition.

« L'opinion que j'ai la faveur d'émettre devant vous, mes FF.·., je la professais bien avant que j'eusse le bonheur d'appartenir à la grande famille maç.·., mais je l'avoue, en toute sincérité, elle n'a fait que grandir et se fortifier dans mon esprit, depuis que je fais partie de cette admirable société qui est bien certainement, — quoi que puissent dire nos adversaires, — l'expression la plus haute de la fraternité humaine.

« Aussi ai-je déjà eu quelquefois, bien que peu avancé en grade dans la maç.·., l'occasion de soutenir, contre des publicistes prof.·., cette théorie, à mon avis incontestable, que c'est du fond de nos Orients qu'est partie la grande voix réformatrice, dont l'écho se repercutant sur toute l'étendue du globe, a été comme le signal de la rénovation sociale et du réveil de la démocratie. En un mot, c'est la maç.·. qui a ouvert, à la société moderne, les voies du progrès et de la liberté.

« Quant à ceux de mes confrères républicains qui nient cette vérité, dont l'évidence est frappante, je me demande si leur place ne serait pas plus justement et plus logiquement dans les rangs de la presse illibérale, de cette presse qui voudrait, — tentative insensée ! — entraver l'évolution progressiste et nous ramener vers un passé exécrable et abhorré.

« Pour nous, mes FF.·., j'estime que c'est avec une légitime fierté que nous avons le droit, — et, je dirai plus, — le devoir de constater que toutes les améliorations humanitaires qui forment en quelque sorte le *compendium* de notre droit démocratique, ont été à l'avance, présentées, étudiées, discutées et finalement élaborées dans nos temples.

« Mais je m'arrête, mes FF.·., je ne veux pas vous faire un discours, vous en avez entendu aujourd'hui, soit à ce banquet, soit dans l'At.·., plusieurs qui m'ont paru particulièrement intéressants et éloquents, et pour ma part, je conserverai longtemps, dans mon esprit, l'impression qu'ils y ont produite ; j'ai la conviction qu'il en sera de même pour la plupart d'entre nous. En terminant, je porte un toast au V.·. de la L.·. *La Concorde*, le sympathique et dévoué F.·. Savigné; je tiens à le remercier chaleureusement de l'accueil aimable et empressé qu'il a fait à tous les FF∴ visiteurs. Le F∴ Savigné, ainsi, d'ailleurs, que tous les membres de l'At∴ de *La Concorde,* de Vienne, nous a prouvé qu'il était vraiment animé de l'esprit qui a dicté au fondateur de cette L∴ la qualification admirable qu'il lui a donnée.

« Ce toast, auquel, j'en suis certain, vous vous associerez tous, mes FF∴, vous me permettrez de l'accompagner de ce cri patriotique qui résume la trilogie uniforme de la démocratie et de la maç∴ : Vive la République ! »

Le F∴ Doué, de l'Or∴ de Toulon, en son nom et en celui du F∴ Maynard, porte la santé des membres de *La Concorde,* de tous les F∴ qui font partie du banquet, et termine en développant et en portant un toast : *Au Grand Orient de France !*

Allocution du F∴ Bard, de l'Or∴ de Lyon

« Mes FF∴,

« Nous venons d'entendre un grand nombre de nos FF∴ qui ont retracé avec beaucoup de talent l'influence que la franc-maçonnerie a exercée pour la constitution de l'Etat social tel qu'il résulte de la révolution de 1789.

« On nous a dit que ce grand mouvement avait été préparé par elle, on nous a montré que nombre de nos concitoyens n'avaient fait que suivre notre institution dans le sillon du progrès qu'elle a creusé. Malgré tous ces services rendus nous voyons aujourd'hui ceux-là mêmes qui devraient nous soutenir se retourner contre nous et se joindre à nos ennemis séculaires. Ce ne sont plus seulement les forces coalisées du cléricalisme et de la réaction qui nous attaquent; mais, égarées par les calomnies intéressées de nos ennemis, les classes laborieuses, pour le bien être et l'affranchissement desquelles nous avons toujours combattu, nous mettent en suspicion et sont bien près de voir en nous des adversaires de leurs justes revendications.

« D'où viennent ces accusations ? Vous le savez tous : Les ennemis du progrès et de la liberté qui désespéraient de nous vraincre à armes loyales, cherchent à semer la désunion dans le parti démocratique ; ils cherchent à rendre les maçons suspects à leurs anciens alliés et au gros du parti libéral dont ils ont été toujours l'avant-garde fidèle et dévouée. Nous qui avons pu juger des austères maximes et de l'élévation morale de la franc-maçonnerie, nous méprisons ces attaques, mais il n'en est pas de même dans le monde profane qui finit par croire ce qu'on ne cesse de lui répéter.

« C'est ainsi qu'on nous représente comme une caste bourgeoise n'ayant d'autre but que de confisquer l'Etat à son profit et ne combattant les jésuites que pour se substituer à eux, quand encore on ne nous accuse pas de faire cause commune avec eux. Tous ceux qui sont ici, qu'ils soient adeptes depuis de longues années ou qu'ils n'aient été admis que depuis peu dans nos rangs, ont jugé ces accusations à leur valeur. Mais faut-il se contenter de les mépriser et ne devons-nous pas empêcher qu'elles ne fassent leur chemin dans le monde ? Pour celà, il faut défendre partout notre cause et combattre avec vigueur et fermeté. Il ne suffit pas de remplir tous ses devoirs maçonniques dans l'enceinte du temple, il faut défendre en toute occasion notre bienfaisante association. Le devoir sacré de chacun de nous est de ne jamais laisser passer sans réponse les calomnies qui se produisent devant lui dans la société profane, afin que l'on ne dise plus que la franc-maçonnerie a quelque chose de commun avec les jésuites.

« Dernièrement encore, pour ne vous citer qu'un exemple des idées qui ont cours sur la franc-maçonnerie, je me trouvais dans une réunion électorale où le F.·. Chavanne, député du Rhône, venait rendre compte de son mandat, et il s'est trouvé un citoyen pour venir dire publiquement que la franc-maçonnerie s'était emparée de tous les postes importants de l'administration et qu'elle se préparait à ramener en France le parti Orléaniste avec le scrutin de liste comme moyen et Gambetta comme instrument.

« Cette accusation ridicule a fait ainsi son chemin dans une partie de la classe ouvrière des grandes villes. Eh bien ! nous devons réagir contre cette tendance des esprits en portant partout la lumière et la vérité. Le point de départ de ces idées profanes réside dans une conception fausse des bases et de l'organisation de notre ordre : on confond toutes les associations et on met sur le même pied les jésuites et les francs-maçons.

« Je n'insisterai pas longtemps sur la différence du but que nous poursuivons ; vous le connaissez tous et il n'y a que les aveugles et les ignorants qui puissent se refuser à le voir. Tandis que nous avons pour objectif suprême la réalisation de l'immortelle formule : *liberté*, *égalité*, *fraternité*, les jésuites n'ont d'autre but que l'asservissement de tous à un seul, la suppression de la liberté de conscience au profit de la tyrannie théocratique.

« Non-seulement la maçonnerie a un but différent de celui des jésuites, mais encore son organisation est absolument différente. Les jésuites composent une armée obéissant à un maître, à un général en chef; nous, nous n'en reconnaissons aucun, nous n'en voulons pas et nous nous inclinons devant une seule loi : celle de la majorité. Le suffrage universel de tous les maçons est la base de notre République.

« Soldats de la liberté et du progrès, nous sommes avant tout une réunion d'hommes libres n'obéissant qu'à la majorité qui se forme au milieu de nous par la libre discussion. Voilà ce qui nous distingue des autres associations avec lesquelles nous ne voulons ni ne devons être confondus.

« Mais, puisque j'aborde ce sujet de l'association, permettez-moi de vous dire quelques mots de certaines tendances que nous avons vu se produire au milieu de nous.

« La maçonnerie respecte la liberté de chacun de ses membres, mais il est certain que tout individu qui entre dans une association, tant libérale soit elle, est obligé d'aliéner une partie de son indépendance; le seul point est de savoir exactement quelle parcelle d'indépendance il faut aliéner.

« Pour ma part, je n'ai jamais compris et je repousse énergiquement les tendances qui se trouvent dans cette formule : « *le maçon libre, dans la loge libre, dans la maçonnerie libre* ». Il me semble qu'il y a là un fâcheux abus du mot liberté. L'homme libre sait se soumettre à la loi adoptée par la majorité de ses égaux. Il est un point indiscutable, c'est que, dans tout état social, l'individu est obligé d'aliéner une partie de sa liberté en échange de certains privilèges. Il en est ainsi pour l'Etat: tous les citoyens qui le composent reçoivent en échange d'une partie de leur indépendance, des avantages, tels que la justice, par exemple, qu'ils n'auraient pas s'ils vivaient à l'état de nature ou pour mieux dire à l'état sauvage.

« Il en est de même dans notre association, et pour ma part je ne saurais accepter qu'une L.·. ait le droit absolu de prendre telle délibération qu'elle voudra, et de prendre une part officielle à une manisfestation extérieure que la majorité de ses LL.·. sœurs désapprouverait. Pour nos concitoyens, tous nos ateliers sont solidaires au dehors de nos temples et je ne pense pas que personne veuille détruire cette croyance ; dès lors, quelque L.·. venant à commettre une manifestation déplacée, on ne dirait pas, dans le monde profane, que c'est telle loge qui a fait celà et qui doit en porter la responsabilité, non, tout le monde répéterait : ce sont les francs-maçons qui ont agi ainsi.

« Dès lors, puisque notre responsabilité est solidaire, nos délibérations doivent l'être également, et une L.·. d'une obédience doit être soumise au contrôle de toutes les autres réunies. En pareil cas une loge n'est pas retenue par un maître en dehors d'elle, mais par la majorité des loges sœurs, comme dans ce même atelier la majorité des ouvriers qui le composent fait accepter ses décisions par la minorité.

« Et s'il en était autrement que deviendrait l'unité d'aspiration et de sentiment qui fait notre force ! Quel germe parmi nous de désunion qui pourrait retarder notre marche en avant dans la voie du progrès et de l'émancipation sociale !

« On nous a accusés aussi d'être une aristocratie accessible seulement à quelques privilégiés, parce que nous nous recrutons dans un milieu aisé. Est-ce à dire pour cela que nous ne ressentons pas une profonde sympathie pour les déshérités de la fortune et que nous ne sommes point les amis du peuple ! Assurément non, mais notre association étant essentiellement militante, a besoin de ressources pour étendre son action. Elle ne saurait embarrasser sa marche en admettant dans son sein des éléments qui ne seraient d'aucune utilité à la mission qu'elle s'est donnée. Il nous faut des soldats libres, mais valides, aptes à prendre part au combat pour la liberté avec leurs FF.·. et pour celà, ils doivent être instruits, intelligents, assez aisés pour disposer de quelques loisirs au profit de notre cause.

Si quelqu'un tombe dans nos rangs, nous lui venons en aide, mais ce n'est pas là notre rôle principal, et nous ne saurions, sans péril pour notre ordre, en faire notre seul but. Pour travailler plus rapidement au relèvement et à l'affranchissement des malheureux, il faut que nous ayons la liberté de nos mouvements. Peut-on dire d'une armée qui n'admet pas d'infirmes, de femmes et d'enfants, qu'elle n'a d'autre but que de les opprimer, et n'est-il pas plus juste de reconnaître qu'elle les laisse à l'arrière-garde pour pouvoir plus efficacement les protéger. En agissant ainsi nous ne faisons pas autrement que l'Etat qui, lors du recrutement, rejette les hommes débiles qui ne pourraient efficacement contribuer à défendre la patrie.

« Permettez-moi, en terminant, de vous rappeler que cette fête maçonnique a été marquée par un touchant exemple de l'intérêt que nous portons aux malheureux: Les FF.˙. des L.˙. *La Concorde* et *La Persévérance* ont rivalisé de zèle et ont voté une somme considérable pour les pauvres de Vienne. Ceux-ci apprendront ainsi que l'idée de la solidarité humaine n'est jamais absente de nos réunions, les profanes devront reconnaître, une fois de plus, que toutes les fois que les maçons se réunissent, c'est pour faire le bien.

« F.˙. visiteurs, unissons-nous tous pour porter un toast de remercîment aux FF.˙. de *La Concorde* et de *La Persévérance* ».

Enfin, le Vén.˙. Savigné termine par ces mots :

« Avant de clore la séance, je tiens, au nom des deux Loges Viennoises, *La Concorde* et *La Persévérance*, à adresser à nos T.˙. C.˙. F.˙. visiteurs, nos plus chaleureux, nos plus sincères, nos plus vifs remercîments.

« Si les maçons sont personnellement de plusieurs rites, s'ils habitent divers pays, ils ne forment néanmoins qu'une seule et même famille.

« Ils sont des hommes, des citoyens appelés à se rencontrer, à se réunir; aussi, ne vous dis-je pas adieu, mais au revoir!

« Et je termine en vous priant de vous associer aux deux L.˙. Viennoises pour crier :

« Vive la Maçonnerie!

« Vive la République! ».

Le tronc des pauvres circule et produit 151 fr. 45.

Le soir, de brillantes illuminations ont lieu, des flammes de bengale embrasent le monument qui resplendit au milieu de l'obscurité de la nuit : une longue traînée de lumière serpente à travers les jardins, et la Loge, imposante et majestueuse, se dresse comme un phare lumineux au-dessus de la ville de Vienne.

Vienne, imp. Savigné. — 1883.

www.ingramcontent.com/pod-product-compliance
Lightning Source LLC
LaVergne TN
LVHW012147170726
843503LV00009B/4025